www.ingramcontent.com/pod-product-compliance
Lightning Source LLC
Chambersburg PA
CBHW030413160726
47992CB00007B/3097

د. شهد الكعيط

طبيبة أسنان تخرجتْ في جامعة الأميرة نورة للنساء، وُلِدَتْ في الرياض – المملكة العربية السعودية، تعمل على هوايتها وشغفها في كتابة أمورٍ تخصُّ الحياة رغم انشغالها في دراسة طب الأسنان، ولا زالت تجد الوقت في كتابة الأمور التي صنعتْ شخصيتها، وجعلتْها ما هي عليه.

ترى أن عالم الطب لا يأخذ الشخص مِن عمل شغفه وحبه لفعل الأمور الصغيرة، فهي تجد أن دراستها لطب الأسنان هي ما أخرجتْ منها جزء الكاتبة، وجعلتْها تعبّر عن نفسها بأفضل طريقة ممكنة.

الإهـــداء

أُهدي كتابي الأول إلى عائلتي، فهم مصدر القوة
والدعم المعنوي بالنسبة لي، فلا يوجد طريق لشخص
إلا ويكون معه صديقٌ يسانده.
شكرًا لصديقتي التي ما تزال تدعمني، فهذا الكتاب
لكم كأبسط هدية.

د. شهد الكعيط

أقنعة الحياة

AUSTIN MACAULEY PUBLISHERS™
LONDON • CAMBRIDGE • NEW YORK • SHARJAH

شكر وتقدير

أشكر كل مَن ساعدني في صُنع كتابي بمحبة، وجعل حلمي يصبح واقعًا لتراه أعيُن الناس، ودعَّمني لأكمل مشواري في كتابة أبسط الكلمات، وجعله في أفضل كتاب.

من أنا؟

الآن، وفي هذه اللحظة، أنا شهد الكعيط، سوف أغير حياتي، أغير مستقبلي، وأخيراً استطعت أن أتخطى خوفي وأكون قادرة أن أكتب عن حياتي.. عن نفسي.

لقد قضيت سنوات وأنا أحاول البحث عن ذاتي، عن شهد الحقيقة، لكن حان الوقت لأكتب. لم تكن لدي أبداً أي فكرة أني أستطيع الكتابة، أني لدي موهبة، وإن لم تكن بهذه الروعة، فلقد كنت أقلل من قيمة نفسي كثيراً، أخبئ نفسي تحت ظل الأشخاص الذين بجانبي، لا أريد الخروج حتى يذهب كل من حولي، وليس فقط من حولي؛ بل من حياتي بالكامل، وعندما أخرج أبحث كالطفل الذي أضاع أمه، ولكن أنا أضعت حياتي بالاختباء...

أصدقائي.. إخوتي.. والأهم والدي، لم يستطيعوا معرفة أنني أستطيع فعل الكثير، أن لدي جانباً مجنوناً يحب فعل

الكثير. ولكن قصتي قد بدأت منذ الآن، عندما قررت الخروج من ظل من هم حولي للخارج ليروني.. لقد حان الوقت!

من أنا؟ هل أتى يوم ما وسألت نفسك من أنت، وماذا تكون، ولماذا أنا؟ لقد سألتُ نفسي كثيراً، لقد أتتني الفرص الكثيرة لأعبّر عن نفسي، لأكون شهد الجريئة الحرة التي تفعل الشيء دون أن تفكر، وتكون على طبيعتها، فلقد كنت خائفة لفتره طويلة. ولكن الآن حان الوقت لأخرج وأحقق ما كنت أريده لأظهر نفسي.

أنا شهد، فتاة تحب عائلتها أكثر من أي شيء بالعالم، تساعد وتعمل بجد لأجل ما تريده، حتى وإن لم يلاحظها أحد: فهي لا تريد من أحد الاهتمام، تريد فقط أن تشعر بالحب لما تفعله، تحب أن تضحك حتى تؤلمها بطنها، تحب أن تناقض نفسها في الكثير من الأمور، تحب أن تضع ابتسامه على وجه كل أحد.

أنا لا أصدق أنني جالسة أكتب عن نفسي! لطالما واجهت صعوبة في ذلك، ولا زلت أفضِّل سماع من يتحدث عني وليس العكس.

فتاة تحلم كثيراً، وتفكر في المستقبل كثيراً، تعمل كثيراً، تحب من كل قلبها، لا تستطيع إظهار غضبها، تكتمه بداخلها،

وتصرخ بداخلها...! نعم يتعبني هذا الشيء، لكن هذا ما أستطيع فعله عندما يسألوني: "من أنت؟ ولماذا هنا؟"، كل ما أستطيع قوله: إنني لا أعرف؛ فأنا فتاة خارجها حديد داخلها زجاج ينكسر بسهولة، لكن لا تظهر، تبكي بحرقة، ولكن كل من يراها يظن أنها تضحك. آه! فالحياة مضحكة بالنسبة لهم، لذلك سوف أكتب عن أقنعة الحياة، عن الأقنعة التي يضعها الناس لكيلا ترى ما يفعلون، ما يشعرون اتجاهك. تصبح كالدمية؛ تفعل أي شيء لكي يعجبوا بك، ولكن لماذا قررت وضع هذا القناع؟ لماذا جعلت لحياتك قناعاً، مع مضي الوقت لا تستطيع خلعه، لا تستطيع التنفس، تريدهم أن يخلعوه؛ لكنهم لا يعرفون بوجوده، فتصبح أنت الوحيد الواقع في حفرة تدور حول نفسك فيها، لماذا أنا.. لماذا أنا؟ نعم، إنه أنت من وضع القناع لحياتك، أنت الذي أوقعت نفسك في هذي المشكلة. تسمع كل هذا كشريط يتكرر ويتكرر، يقول معنى لحياتك التي قد أضعتها بحماقة تصرفك.

هذا قناعي، وهذه هي حياتي، أمشي في خط مستقيم لا أحيد عنه، لا أنظر لمن حولي، أرى فقط ما أمامي، أتحدث مع نفسي كلاماً غير مفهوم، أكتب قصصاً وحكاياتٍ لكل شخص.

نعم أنا حزينة، أريد الصراخ والبكاء، أريد القول "لماذا أنا"، لكن أنظر لنفسي وأرى شهد المبتسمة القوية الذي يظنها الجميع المرأة القوية المحاربة، ولكن هي فقط إنسانة بالأخير...

ما الحياة بطرق كثيرةٍ؟

الحياة مهما تكلم عنها الناس والكتب والخبراء فهي تبقى حياة غير عادلة، نقضي حياتنا نبحث عن الشيء الذي فقدناه، إنها كاللعبة، أو قطعة أحجية تريد وضعها في مكانها الصحيح، لكن تنهي لعبتك وتجد نفسك وضعتها في المكان الخطأ! نقول في أنفسنا: لماذا ظلمتنا الحياة، لماذا نحن نجتهد ونبكي ولا ننام؟ نكرس أنفسنا لأجل ما نحبه، نفعل المستحيل لأجل ما نحب، وننظر لأنفسنا ونقول: لقد حصلنا على فرصة! نعم، هذا الوقت الذي يجب أن ننهض فيه، ولكن تغدر فيك الحياة للحظة وكأنها تسمعك، تحاول المضي لكن لا تسمح لك.

سوف أقول شيئاً الآن: نعم الحياة ظالمة، لكن ليس لك لوحدك، لا تشعر بأنك المغدور في هذه الحكاية، بل اشعر بأنك البطل! نعم البطل. لماذا لا تثق بنفسك؟ لماذا كل ما أذكر شيئاً إيجابياً تكرره ورائي؟ بل عش وكن حراً صادقاً أميناً لا يعرف الكذب، تظلمه الحياة ولكن يبقى مستقيماً صامداً، يعيش

يومه كأنه يومه الأخير، يحب من كل قلبه، ويضحك من كل قلبه، يشعر بالسعادة حتى وإن صدمته الحياة، بالواقع والحقيقة. عش هكذا وسوف تكون كما تريد أن تكون.

*****

صفحه جديدة..

الكل يريد تغيير ما في حياته للأفضل، فيقول: "نعم، هذا أنا، أريد فتح صفحة جديدة"، فيأتي الواقع فيصدمه بكل ما هو غير عادل، بكل ما هو مثير للاشمئزاز، نعم مثير للاشمئزاز! فهناك أناس ظالمو أناس، ذو أقنعة تضحك أمامك وتخدعك بوضع قناع لا يستطيع أي أحد نزعه، ليس فقط الناس من يضعون أقنعة في الحياة، فهي من صنعته، ليبقى كل مشوه وغاضب من الحياة جميلاً من الخارج، ويقول: "نعم، هذه شخصيتي"، وهو فقط جسد بلا روح، قلب لا يملك المشاعر، قلب ينبض بالحقد، فقط يعيش ليخدع كل من حوله، ويقول: "سوف أفتح صفحة جديدة لنفسي"، وهو كل ما فعله أنه أغلق على نفسه كتاباً بأكمله، وحياة أهدرها.

البدايات الجديدة..

يجب أن أسألك: ماذا تريد من الحياة؟ هل لديك أحلام وأهداف تريد أن تحققها؟

نعم، فأنا أسألك وهأنتذا تترد في الإجابة! لديك الإجابة لكن تجد الصعوبة في لفظها، تخاف، أو ليست لديك الشجاعة.

سوف أقول لك شيئاً: الحياة بداية وليست نهاية لك، الحياة فرصة لتستغلها، والحياة ليست معقدة كما تفكر فيها؛ بل هي أبسط بكثير، يجب أن تجد القوة في أعماقك.. ليس هناك أي شخص من حولك سوف يعطيك القوة والشجاعة لتقف على رجليك، يجب أن تجدها في أعماقك، وحتى وإن أخذت الكثير منك؛ فقد تقع كثيراً من الأوقات، ولن تجد من يمد يديه ليساعدك، قد تبكي وتذهب في غرفة مغلقه لكيلا يراك أحد.. قد تفقد الكثير من الأصدقاء؛ لذلك **أقول لك:** القوة ليست قوة الجسد، بل قوة العقل، نعم عقلك هو مفتاح كل شيء، أن تكون متحملاً كل ألم، وكل خوف، فقد قرأتُ في أحد الكتب يقول فيه كاتبه: "دع ألمك يدفعك إلى النجاح"، نعم ألمك، استغله واذهب به أينما تريد.

لقد عشت حياتي بأكملها أبحث عن الكمال، عن القوة، عن النجاح، عن السعادة، عن الضحك، ولكن ما استوعبته

في هذه اللحظة أن الحياة قصيرة جدا لنبحث فيها عن كل هذه الأمور؛ فنحن نعيش بظلام ونموت بالظلام. نعم الحزن يقتلنا ببطء، ليس بأيدينا!

لماذا نحن هكذا؟ اِعرف بأنه امتحان من الخالق سبحانه، امتحان لصبرنا وقوتنا، ولكن مع ذلك فنحن نضعف مع أبسط شيء يصيبنا. فقط لنعش، لا نفكر بالغد أبداً؛ لأن الذي عرفته أن الإنسان لا يعرف متى يموت، وأين يكون، يفكر بما سوف يفعله بالغد، وينظر إلى نفسه ويجد أنه ملفوف بقطعة قماش بيضاء، وموضوع في القبر.

لقد قضيت حياتي باحثة عن (لماذا) الخاصة بي.. لماذا أنا هنا، لماذا أعيش؟ بحثت كثيراً عنها، ومع البحث وجدت أني خسرت نفسي وحياتي، لأن لماذا الخاصة بي يجب أن تجعلني أبكي، يجب أن تناسب شغفي وحبي، يجب أن ترفعني لا أن تسقطني، يجب أن تجعلني أستيقظ كل يوم لأجلها! أن تغير حياتي، أن تغير تفكيري، أن تخرجني من محاربة أفكاري، تخرجني لأحارب لآجل أحلامي، لأجل ما أريده.

لا يوجد لدي أي شيء، لا قوة ولا حياة.. أتسلق كل جبل، وأسبح كل محيط، لا يوجد ما يمكنني فعله في هذه الحياة.

ليس سهلاً أن تجد ذاتك، وما تريد فعله في الحياة، لا تتصنع أنك تعرف كل شيء، إنك مدرك لما تريد، حتى لو أضعت الكثير، فضع في عقلك أن كل شيء يستحق، أن تبكي، أن تتألم بشدة لأجل ما تريد، هو فقط جزء من عملية النمو، نمو ضد كل شيء يكسرك، يبكيك، فثق أن كل هذا سوف يكوّنك ويجعلك ما أنت عليه.

حياتي كانت عبارة عن جري مستمر، فلم أتوقف أبداً. مساري كان طويلاً جداً، لم أر ولم أضحك، فكل ماكنت أراه هو حلمي. تجنبت كل شيء جميل: الصداقة، والحب البريء، والابتسامة المشرقة. عندما تفقد وتشعر أنك تريد الموت، فعندها كل شيء يأتيك كشريط ذكريات سريع، فكل شيء تجنبته لا يستحق، فحياتك مهمة، وابتسامتك وسعادتك أهم من كل شيء، لكن الآن كل شيء ذهب، وذهب كل الذين أحبهم، لا أستطيع سوى مجاراة حياتي الآن، ومحاولة البقاء صامدة، فشهد انكسرت وتبقى منها جزء بسيط يحاول الصمود، فهل أستطيع النجاح بذلك أم لا؟ سوف نرى.

هل نعرف أنه قد بقي القليل؟ هل بإمكاني إعطاء المزيد؟ لقد فقدت القدرة على العطاء، لقد حاولت أن أعطي حبي، وأن أجد شيئاً حقيقياً يجعلني أريد التمسك والقدرة على

العطاء. هل تريدون حياة واقعية؟ سوف أعطيكم؛ فالحياة قاسية تكسرك وتمشي عليك، أما بالنسبة للناس فهم من يترصدون لك الأخطاء، ويقولون لك نعم: "هأنت قد أخطأت"، فهم لا يريدون سماعك. لماذا نريد ترصد الأخطاء؟ لماذا لا نلتمس الأعذار؟ لماذا لا نداوي جروح بعض بدلاً من الضغط عليها بقوة؟ هل تعلمنا ذلك، هل تربينا على ذلك؟ لا والله! فقد تعلمنا على العفو والصفح، على التماس الأعذار، على قول الكلمة الطيبة، على الابتسامة، وحتى وإن كنت في أسوأ لحظاتك، لكن الحياة تنسى ذلك.

ما هو دورنا نحن؟ دورنا أن نجادل ولا نسمح أن تجبرنا الحياة على الخضوع لأوامرها، فها نحن ذا، ماذا كسبنا؟ أريد منكم الجواب...

ما الحب بكل شكل له؟

الحب كلمة عميقة، إنها كاللوحة الفنية، تراها جميلة وبسيطة جداً من الخارج، ولكن عندما تقترب منها أكثر وأكثر تجدها عميقة ومعقدة، وتتساءل بينك وبين نفسك: لقد تعب وجاهد حقاً من رسمها، فالحب مليء بالجنون، بالغضب، يريك جانباً لا تستطيع التعرف عليه، جانباً مليئاً بالشغف، تريد أن تعطي المزيد، وعندما تعطي قلبك لشخص ما تستوعب عندها أنك لا تستطيع الرجوع للبداية، فقلبك ليس معك.. فالحب أن تعطي ما تملك، أن تحب من قلبك، ألا تتنفس حتى يتنفس الشخص الذي بجانبك، لا تغمض عينيك حتى تراه ينام مرتاحاً. ليس كل شخص يستطيع فعل ذلك، لذلك فهو كاللوحة المجنونة التي لا تستطيع التوقف عن الابتسام عند رؤيتها.. لكن قف للحظة قبل التقدم لرؤيتها، قف وفكر للحظة، فاذا تقدمت قد لا تستطيع الابتعاد عنها؛ فقد تقع بحبها.

الحياة لن تعطيك ما تريد، يجب أن تجري وراء ما تريد، أن تبذل قصارى جهدك، وهذا ما يحدث في الحب.

الحب عندما قلت إني لن أحب مرة أخرى، أنا أظن أنني وقعت في الحب، نعم لقد وقعت ولم أتعرف على نفسي أبداً، فقد أصبحت أكثر إشراقاً.. أكثر بهجة.. لا أستطيع ترك الابتسامة تفارق وجهي.

نعم، كل هذا يفعله الحب، فإن وقعت به مرة لا تستطيع الخروج منه، وإن أحببت مرة تأكَّد أن تعطي قلبك كاملاً، أن تتفهم وتنصت، فالمحبة أنواع عديدة، وقليلون من يشملوها كلها. لقد قرأت ذات مرة أن الحب سلاح، فإما أن تستخدمه لحمايتك أو لأذيتك. تأكد أن تقع بالحب، فقط عندها تشعر وتتفهم ما أقوله.

الماء والنار، إنها كالمحب والعاشق لحبيبته، فهو يطفئ غضبها ويمسح دموعها ويبقى بجانبها ويتألم معها، يحاول أن يُضْحِكها حتى وإن كان يتألم معها.

لم نتخيل أننا نحب بعضنا لهذه الدرجة، فقد وقعنا بالحب بلا إدراك منا. يمضي الوقت وقلبي لا يزال يخفق بقوة، يداي تتعرقان، يحدث هذا كله وأنا لم أستطع وضع عيني بعينك، لا أستطيع، فقد يبدأ وجهي بالاحمرار، وعيناي

ترمشان بقوة. نعم مضحك لكنه حقيقي، فابدأ بالإيمان بنفسك، وآمن بأن هناك شخصاً ينتظرك في الجهة المقابلة، شخصاً سوف يحبك ويمسك يدك للنهاية، وسوف تتقدمان بالعمر مع بعض، فتقول: نعم، هأنا أمسك يدك وابتسامتك تطفئ غضبي.

هل الحب كافٍ، هل هو ما نحتاج؟

بحثنا كثيراً وبكينا كثيراً. لقد وضعت يدي بيدك وقفزت من أعلى قمة في العالم، لم أتردد أبداً، فأنا قد وقعت في الحب وأصبحت مجنونتك.. أرى العالم بعينيك يجعلني أبتسم دون أن أشعر. ينظرون إليّ وكأنني غريبة، لا يهمني أحد عندما أكون معك، تمسك يدي وهنا لا أشعر بشيء. حضن دافئ وقلب حنون وابتسامة منك، لا يعني أنني قد خسرت نفسي وخسرت كبريائي؛ فأنا فتاة قد وقعت في الحب، لا تحكموا، انتظروا قليلاً وانظروا عن قرب، فسوف ترون الحب الذي لو كتبت عنه كتاباً كاملاً لن أصف مدى جماله!

فرحة لا يمكن وصفها، لقد تغيرت من أجلك، لقد غيرني الحب، لم أشعر هكذا من قبل؛ فقلبي ممتلئ وعقلي قد توقف عن التفكير، فكل ما أملك أصبح ملكك الآن. أحلم أن ننسى العالم ونرقص حفاة في وسط الطريق، كشريط فيلم يمر

أمامنا.. عيناي لا تفارقان عينيك.. وجهي أصبح شديد الاحمرار، وفقدت الإحساس، فيدي تضغط على يدك بقوة من شدة توتري، تبتسم وتنظر إلي وتمسك يدي وتقول: "لا تتوتري، فأنتِ كل ما أملك، فقد فقدت السيطرة الآن.. أنت من يمسكني ولست أنا؛ فقلبي مليء بالحب لدرجة لا أريد الصمت... أريد القول لكِ بأني أحبك في كل ثانية وفي كل لحظة...

هل لا زلت بجانبي، هل تفعل كل ما تستطيع؟ للأسف لقد وقعت في حبك، لا أستطيع أن أفكر أو أتنفس أو أنام، لا أستطيع أن أفعل شيئاً؛ فعقلي مشتت، فهذا كله بسببك، بسبب أنني قد وقعت بالحب.

أكرهك! نعم، فقد جعلتني أبكي كل يوم وكل لحظة، فقد صنعت مني إنسانة شاردة الذهن، مع ذلك فأنت أفضل شيء قد حصل لي، فعندما أراك لا أستطيع التفكير بأي شخص آخر، فقط أنت وأنا ومستقبلنا سوياً، لكن هل يوجد... أو لا.. لا أستطيع القرار والجزم، لكن كل ما أستطيع قوله إني أحبك، نعم هأنا قلتها...

الوقوف بجانبي.. نعم سوف أقف بجانبك، سوف أحبك، سوف أحميك، سوف أجعلك حراً، سوف أكون جناحك

لتستطيع الطيران. سوف أتنفس بدلاً عنك، عندما أكون معك لا أستطيع الشعور بساقي.. أغمض عيني وأستمع لنبضات قلبك، أستطيع الشعور بنَفَسِك يخالط نَفَسي وأنظر، وهأنا لست على أرض ثابتة، بل في السماء! نعم، إذا أحببتَ مرة لا تستطيع التوقف عن الإعطاء، بل تريد أن تعطي أكثر وأكثر؛ لترى من تحبه سعيداً.

إنها الحياة، وليست فلماً تراه على شاشة التلفاز. لا تكن مندهشاً، بل عندما تحب سوف تشعر بما أقوله، فقط لا تعطي قلبك إلا لمن يستحقه، انتظر فقط، سوف تجد من يكملك.

أن أحب فهو كل قوتي، فأنا أحارب أعدائي بها، لا تقتربوا مني؛ فأنا كقنبلة موقوتة، لا تحتمل الضغط أبداً. أن أصبح عاشقة فهو أن أكون لك بالكامل، قلبي وعقلي ملكك وحدك. كنت ومازلت أشعر بأنني أملك العالم. لم نملك الفرصة لأجل أن نعترف بحبنا، أن نقول إننا أضعنا حياتنا ونحن نحاول الإنكار، وقد وقعنا في نفس الحفرة، لكن كل شيء أصبح جميلاً بنظري. أصبحت شاردة طوال الوقت، لا أستطيع التفكير بشيء آخر، لا أتوقف إلى أن يغلبني النعاس.

حزناً وألماً وخوفاً من المستقبل.. لماذا نستبق كل شيء؟

الألم أنواع كثيرة.. الألم شيء مؤقت، شيء لا تستطيع الشعور به بعد فترة قصيرة، نعم سوف تتعب وتريد الاستسلام للحياة؛ لأنك لا تستطيع تحمل هذا الألم، تريد الصراخ، تريد البكاء كالطفل...

استمع الآن: لقد شعرت بهذا الألم، لقد عشت ما هو أسوأ من ذلك، لقد فقدت أقرب شخص لي، فقدت حلمي، لكن ما زلت صامدة لا أستطيع القول لك ألا تبكي، بل ابكِ لكن ابكِ للاستمرار وليس للاستسلام، قم ولا تجعل ألمك يغلبك، أريهم ما يمكنك فعله؛ فانت إنسان استثنائي، حتى لو قلل أشخاص كثيرون من قيمتك، فاعرف أنك شخص قد واجه الكثير، اجعل كل ذلك كالدرع لك، لا يستطيع أحد اختراقه.

الألم والخوف من المستقبل..

لقد قطعت مسافات طويله جداً، لقد أتتني حالة أني لا أستطيع التنفس فيها من الألم، لقد صرخت كثيراً، لم يسمعني أحد، لقد قلت لهم إني أتألم، لكن لم يهتموا أبداً. انظروا الآن ما فعلتم بي! لقد قتلتم روحي ببطء، لماذا فعلتم هذا؟ فكل ما أريده هو العيش بسلام.

لكن فعلكم هذا قد وضع الأمل فيَّ، وضع المحبة التي تكفي لعالم بأجمعه. نعم فقلبي يسع الجميع. لقد جعلتم لدي جملة تدفعني للنجاح، وهي أن الألم سوف يدفعني، فالألم هو قوتي.. هو سلاحي.. لن تضعفوني أبداً بعد الآن.

لا أعرف ما أريده! لقد وصلت لحالة لا أعرف فيها من أنا! لقد مرت فترة كنت فيها لا أستطيع التعرف على نفسي، يا له من أمر مضحك! ولكنه لا يضحكني، فلقد وقفت أمام المرآة وعيناي مليئتان بالدموع، أتكلم مع نفسي وأقول: (لقد وصلت للحالة التي كنت خائفة منها)، لقد غيرت من نفسي كثيراً لدرجه أني لم أتعرف على نفسي. وقفت وسطهم وأقول لهم: إني أفضل من يعرف ما يريد، أفضل من يعرف نفسه. ولكن داخلي يضحك، يقول: "ماذا تكتمين، ماذا تخفين، أنتِ قطعة زجاج، ولكن خارجك حديد! لا يستطيعون التعرف عليك

جيداً، إنهم فقط يعرفونك قوية جادة، لكن أنتِ عكس ذلك، لكنك فقدتِ نفسك منذ زمن بعيد".

نعم لقد فقدت نفسي، لكن ماذا أفعل؟ لقد قست علي الحياة كثيراً وأبكتني كثيراً، سلبت مني ما أريد، لقد جعلت مني شخصاً آخر لا أريد أن أكونه، لكني فعلت ما بوسعي لأقف، لأتميز، لأجري ولا أتوقف، فلم أرضَ ولن أرضى!

لقد انتظرت طويلاً، وصبرت كثيراً، الآن لم تتبقَ لدي القوة؛ فقد خسرتها، وهأنا أعترف وأقول: لقد خسرت... لا بأس أن أخسر وأقع، وأبقى هكذا لفترة، ليس عليك البقاء قوياً طوال الوقت، الضعف والخوف شيء لا بد منه في هذه الحياة، أن تشعر بأنك خاسر سوف يجمل لديك الشعور بالقوة، يجعلك تشعر بشعور رائع عنما تنجح.. عندما تفرح.. عندما تلقي كل الثقل الذي تشعر به، تشعر بأنك خفيف كالفراشة، كالموسيقى الهادئة.

متضايقة وخائفة لا أستطيع التفكير بشكل صحيح، لا أعرف ماذا أفعل.. هل أبكي أم أتجاهل حزني؟ عيناي مليئتان بالدموع، لا أستطيع أن أغمضهما؛ سوف تسقط دموعي، سوف يروني، لا أستطيع أن أريهم جانبي! ألتفت ويلتفون معي؛

يريدون رؤيتي، لا أريد أن أقول لهم إنني حزينة جداً، إنني ضائعة لا أعرف اتجاهي وطريقي.

إنها ليست لعبة، إنها حياتي، لن تلقوها وتذهبوا بعيداً، لن أسمح لكم، ربما لن أقف على رجليَّ الآن، لكن سوف يأتي يومٌ وترون ما قد أستطيع فعله، تستطيعون التأكد من هذا.

لحظة ضعف وحزن لن تكسرك، سوف تبقيك حياً وحراً أكثر، قادراً ومتمكناً أكثر. لن ترضي الناس أبداً؛ فهم يريدونك تفعل ما يريدون وليس ما تريد. لا يعرفونك جيداً، ولكن لا يهم أبداً.

لقد أتت اللحظة التي كنت خائفة منها.. كنت أبتعد وتقترب مني. أن تشعر بأنك فاشل وأنك غير محبوب من قبل أي أحد، شعور يضايقك، يخنقك ويحبطك. أن تخسر كل شيء تحبه، كل شيء عملت جاهداً لأجله. نعم شعرت بما شعرت به؛ فالحزن شعور مشترك بيننا. أن أكتم بداخلي لن يشعرني بالتحسن، بل سوف يضعني بحفرة عميقة.

في هذا الوقت لا أعرف ما هو الحل القادر لإخراجكم من هذه الحالة! فقط سوف أطمئنكم أني أشعر بما تشعرون، وليس بيدي حيلة سوى الصمت والمضي قدماً.

اليوم أشعر بأنني صغيرة جداً؛ فأنا الآن قد تعلمت كيف أحبو، وكيف أحب.. كيف أتوقف عن الشعور بالألم؛ فكل شيء يشعرني بالفشل!

نعم أتألم.. يداي قد توقفتا عن كتابة ما أشعر به، فلنكن صريحين؛ فلا أحد يقرأ.. أنا أكتب لنفسي، لحياتي المعقدة، أو بالأحرى: تفكيري المعقد!

بات رأسي يؤلمني جداً؛ فالكل يظن بأني موجودة معهم، فأنا قد غادرت وودعت نفسي وحياتي وعائلتي. لن أتقرب من أحد، ولن أحب أحداً، فكلما أتقرب يؤلمني ويجرحني هذا الشيء.. فلنبقَ بعيدين، فقد أصبحت جيدة في قول الوداع.

هل تعرفون؟ إنهم يعانون، يتألمون! يريدون التمسك، لا يريدون أن تسقط دموعهم، لكن لا شعورياً تسقط.

يبقون متكتفين في سرير ويصرخون من ألمهم. يمسكون رؤوسهم، يريدون أن تتوقف حياتهم للحظة، لكنها لا تتوقف والألم يزيد.

أما أنا، فقط أبقى واقفة وراء الأبواب، أسمع صراخهم، وآكل نفسي بنفسي، لا أستطيع فعل شيء، أصرخ لهم: افتحوا لا تقفلوها، أريد الدخول، أريد أخذ ألمكم، أريد البقاء بجانبكم، أريد أن تلقوا عِبئَكم.

من هم؟ إنهم كل مريض ومريضة قد عانت من مرض خبيث وقتلها ببطء.. لحظة سقوط شعرها لن تنسى كيف أخفت ألمها، وعيونها أصبحت كزجاج يضيء، تحاول البقاء صامدة، لكن لحظة ذهابي لم تتحمل.. بدأت دموعها بالانهمار، ذهبت وجلبت المقص لتتخلص من ألمها، وتتخلص من كل لحظة ضعف.

كانت كاتبة رائعة وصديقة وفية، جعلتني ما أنا عليه اليوم. جعلت مني شخصاً حنوناً وعاطفياً لا يعرف الضعف، يعرف الابتسامة وقت حزنه وغضبه. لن أنسى ما كتبته لأجلي.. "فسوف يبقى بعقلي، لا تقلقي"...

هل الجميع مثالي؟ هل يستحق الجميع فرصة؟ عندما يصبح الأمر صعباً فأنا أكسب قليلاً من القوة وقليلاً من الشجاعة. وعندما تصبح الأمور سوداء أصبح أكثر اشراقاً.. أكثر حكمة، وهذا كلّه قبل أن أعطي قلبي لك، فالآن لا يوجد بداخلي أي شيء؛ فروحي ليست ملكي، وداخلي فارغ. فقدت قدرتي في التحكم بالأمور، فكل شيء يذهب من بين أصابعي، والشيء المضحك أنني لم أتمسك به من البداية.

الآن، هل أستطيع التنفس بشكل مريح، أو أنني في كل تنفس آخذه أحس بألم أريد إخراجه.. إخراج حملي والثقل الذي أحس به؟

أريد القول للجميع إن الإنسان يخطئ، وأنا إنسان قد عانى، فاصبروا قليلاً، وانظروا عن قرب ترون ألمي، لا تحكموا ولا تتسرعوا؛ فالجميع يخطئ، فالسؤال هنا: هل تبحثون عن خطأ، أم تبحثون عن العفو والمسامحة؟ عن حضن تعطيه صديقتك في وقت حاجتها لتبكي وترتاح قليلاً، وترمي جزءاً من ألمها، فلن تخسر شيئاً، بل سوف تكسب الكثير.

حياة أخرى.. هل نريد أن نعيشها أم ماذا؟

أن أعيش حياة أخرى فهذا يعني أن أكون الآن قد تعرفت على كل أنواع البشر، لكن في حالتي لم أتعرف أبداً، فكل مرة أقع، وتكون أقوى من السابق! لم أتعلم أبداً من أخطائي، فهل هذا يعني أنني ساذجة بشكل لا يتصوره العقل، أم طيبة بشكل غبي، أم أنني فقط لم أعد أستطيع معرفة الناس أبداً؟ فقد أصبحت أختبئ من نفسي، من عائلتي؛ لكي لا أسمع أنني قد تغيرت الآن، فأنا لم أتغير، فقط كرهت وجودي بعالم مزيف لا يستطيع تحمل سعادة شخص آخر، عالم يريدك أن تصبح كما يريد وليس كما تريد وتحب، بعد أن كنت شخصاً يبتسم للجميع، يحاول أن يجعلهم لا يفكرون، بل يواجهون مخاوفهم. أصبحت شخصاً... لا أستطيع التفكير حتى بما أصبحت!

حياة أخرى وطريقان منفصلان يريدان مني أن أختار، لكنني عاشقة لكلا الطريقين، لا أستطيع الاختيار، فلا تجبروني أرجوكم!

بعد فترة طويلة اكتشفت نفسي، اكتشفت أني لا أستطيع التوقف عن شيء أحبه. اخترت البقاء على قيد الحياة، والعمل على الوصول لحلمي، لكن بدون عقل وروح، بدون وجودِ شغف؛ لأنني لست سعيدة لكنني مجبرة، فقد خسرت نصفي من أجل حلمي. هل الحياة عادلة بفعلها هذا؟ هل أستطيع المحبة من جديد؟ لا أظن أني أستطيع، لكن أتمنى أن أستطيع الوقوف من جديد، بابتسامة وعقل وروح.

أن امنحك جزءاً من حياتي، وأن أعيش حياتي كاملها بجعلك سعيداً. لقد مضى الكثير ولا زلت أحزن إن لم أوفر لك ما تحتاجه، إن لم أكن لك سنداً تستند عليه، وحضناً دافئاً تلتجئ إليه. نقضي حياتنا بجعل أمورنا معقدة، بالظن الكثير والشك. لا أستطيع قول إنه حان الوقت لمحو الشك والثقة، بجعل الأمور تصبح أبسط.

لقد رأيت الكثير في حياتي.. أن تجعل شخصاً يتغير هو أمر أصعب من أن تتخيل... لم أطلب الكثير أبداً، فقط فرصة لأجل أن أكمل حياتي بسلام، ألا أسمع أصواتاً خفية تهمس ورائي، وعندما ألتفت أرى وجوهاً ضاحكة!

ما هذه الحياة التي نعيشها؟! أريد العيش بحياة أخرى.. حياة أستطيع التنفس فيها براحة أكثر، أضحك أكثر، وأستطيع البقاء صامدة رغم كل شيء.

يقول لي الكثير إنني شخص يدقق في الأمور الصغيرة! نعم؛ فأنا أقدر الأمور البسيطة، ففعل أو كلمة تجعلني أسعد شخص بالعالم. لست معقدة، ولا أريد الكثير.. لا أقول إنني كنت هكذا من قبل، لكن عندما تفقد شخصاً كان كل حياتك.. ترى أن الامور التي يتجاهلها الكثير تعني لك الكثير.

لا ننتظر أن نفقد حياتنا، أو نفقد شخصاً عزيزاً علينا، نفقدها لنستطيع الرؤية بشكل أوضح، فحان الوقت لنبتسم، لنجعل حياتنا أفضل مما تبدو عليه، فلا يجب علينا أن نعيش بحلقه مفرغة.. لا تفعلوا ذلك أبداً.

هل هذا وداع أم ماذا؟ لقد وجدت نفسي وحيدة رغم وجود العديد بجانبي. وجودي داخل مكان فارغ لا يستطيع أحد ملأه أبداً. محاولتي المتكررة لملء كل فراغ ينقصني يجعلني أحاول الجري بشكل مستمر لكي أصل إلى الرضا التام عن نفسي.. معرفة أخطائي بشكل ما يجعلني حذرة بتعاملي، وهذا لا يجعلني اتصرف بعفوية، فدوماً ما سوف تجدني إما غريبة أطوار، أو إنساناً عفوياً بصراحة قد تجرح من حولي. أن أعيش

على هذه الأرض حرة بروحٍ جميلة وقوة متناهية، شيء قد حاولت فعله لكن لم أنجح فيه. الآن عندما تروني ترون أنني خَلَقْت عالمي الخاص، لا يوجد سوى أنا وبعض من غريبي الأطوار.

"أعرف أنني كنت سعيدة بوجودي بجانبك.. الآن قد رحلت وأخذت جزءاً مني، تستطيع البقاء سعيداً، لكن هل أستطيع البقاء صامدة؟ هل أستطيع أن أعيش حياتي براحة أكبر، مبتسمة أكثر، لا أتعلق بأحد، ولن أستطيع المحبة مجدداً؟ أن أقول وداعاً بحياتي، تعني بأننا قد انتهينا للأبد. لن استطيع الرجوع عن قرار اتخذته أبداً إلا بقول كلمة لي.. نعم هنا أستطيع التغاضي عن كل شيء، لا أستطيع ذكر هذه الكلمة أبداً؛ فأنا ذكرتها، فهنا لا أستطيع المضي أبداً.

انظروا لعيني، ماذا ترون؟ هل ترون جنة خالصة، أم قصصاً لا تنتهي؟

أريد الاختباء بعيداً عن كل شيء، بل أريد أن أُمحى؛ لأنني كاذبه سيئة! لا أستطيع أن أبقى، ولا أستطيع الذهاب بعيداً، فقط كل ما أستطيع فعله هو أن أكتب عن حياتي دون معرفة

ماذا سوف يحدث. هناك الكثير من الأمور التي تأخذ من طاقتي.. يقولون لي أن أستمر بالتنفس، وأن أجعل أموري أبسط؛ لكن ماذا أفعل إن وصلت لمرحلة عدم قدرتي على التنفس بشكل طبيعي؟ فقدت قدرتي في أن أكون صبورة، فالآن أذهب بدون روح، بدون أن أكون شهد التي يعرفها الجميع.

ماذا تريد من هذه الحياة؟ هل حصلت على ما تريد؟ هل وصلت إلى حدك الآن؟ هل تريد البكاء؟ هل أخطأت كثيراً؟ لا تتوقف.. ابدأ؛ فكل شخص قد يخوض الكثير. محاولتك أن تبدو بخير...؟ لست مجبراً أن تكون كذلك؛ فخض نقطة الضعف، واصل إلى أسوأ ظروفك، لكن هذا لا يعني أن تكون هكذا إلى الأبد، فوصولك إلى هذه النقطة يعني أنك قد خضت الأسوأ، فليس هناك شيء قد يوقفك الآن. فالآن قد وعدت نفسي، فهذه السَنَة قد قاربت على الانتهاء، وسوف نبدأ رحلة جديدة.

وعدت نفسي أن أكمل رحلتي التي لطالما حلمت أن أنهيها بقوة، نعم عندما أبدأ بكتابة شيء عيناي تمتلئان بالدموع.. ليس بيدي، وليس ضعفاً مني، لكن قد مررت بالكثير في هذه الحياة.. فقدان شخص أحبه، فقدان شغفي وحبي، خسارتي لأناس قد ظننت أنهم أصدقائي. لقد وعدت نفسي أن أبدأ

بقوة، أن أحقق كل حلم قد عملت لتحقيقه، أن أحب نفسي أكثر، أن أومن أنني سوف أكون افضل شخص، فحان الوقت لأقوم بوضع يدي لكيلا أسمع ماذا يظن الجميع، أن أعيش كل يوم بيومه، أن أضحك وأبتعد عما يؤلمني ويجعلني أبكي. أن أكون أفضل.. أريد أن أكون شخصاً محفزاً، شخصاً يكافح ويعمل لتحقيق ما يريد، شخصاً يؤثر بشكل إيجابي.

نعم قد تعبت ومررت بالكثير وفشلت في فعل الكثير لك، سوف أَعِدُ نفسي أن أحاول مراراً أن أعطي نفسي الكثير من الفرص.

أن أطلب أن تكون لي حياة رغم عيشي حياة سعيدة الآن.. كل شيء ممكن أن تتغير حياتي، ليس إلى ما كانت عليه، بل أفضل، فقد تعرفت على نفسي الحقيقية، أحببت وكرهت، بكيت وضحكت، أصبحت أضعف من قبل، الآن قد كُسِرَت جميع الحواجز.. كنت خائفة جداً من كل شيء، وبخاصة الخوف من الخسارة، لكن الآن لا بأس بأن نخسر لنستطيع المضي قدماً، فليس كل شيء قد خططناه يجب أن يحصل أن نعيش حياة بلا تخطيط، للمستقبل بلا هموم تلاحقنا، وأفكارنا تؤذينا، أن أقول إنني أريد حياة أخرى، ليس المعنى أنني أريد الهروب من حياتي الحالية، بل فقط يكفي تغير بعض الأمور

لجعل حياتي تبدو مشرقة هادئة، وأكثر استقراراً؛ فالهدف فقط من كتابتي لهذا الكتاب هو رؤية الأمور الصغيرة في حياتنا، فالأمور الصغيرة يتجاهلها الكثير، وهي من تصنع منا شخصاً آخر، شخصاً راضياً كل الرضى عن حياته الحالية.

نهاية رحلتي

عائلة كبيرة وحياة سعيدة..

أن تكون لك حياة مليئة بأناسٍ تثق بهم وتحبهم أكثر من نفسك. عائلتي هي روحي؛ فهي كل ما أملك. إخوة كثيرون ومشاجرات كثيرة، لكن قلب وروح واحد. أن أخاف على شخص أكثر من نفسي، ولا أتردد في حمايته من كل أذى.

محبة دون مقابل، والعطاء بدون تفكير، والكثير، فحياتي وقوتي أستمدها منهم. أمي وأبي هما من تحملا كل شيء من أجلنا، فمرت أيام لم يعرفوا طعم النوم، فنحن لم نكن عائلة غنية. اجتهدا لأجلنا، أنا لا أقول هكذا لأعيد تكرار كل قصة، لكن لأقول إنني قد عشت حياة جميلة بفضل الله، ثم والديَّ. أمي هي كل ما أملك، قلبٌ طيبٌ وروحُ طِفْل؛ فهي صديقة قبل أن تكون أماً لنا. علمتني أن أكون واثقة من نفسي، أن أحب نفسي، أن أعيش حرة، وأن أحلم ولا أتوقف عن الحلم، فربما حياتي سوف تنقلب.

أبي هو أقرب شخص لي في هذا العالم، فهو مثال للحنان والطيبة والقوة، فهو لم ينكسر أمامي. ولا مرة جادل في حياته؛ لكي لا نجادل نحن. لا يريد شيئاً مِنَّا، يريد أن يرانا سعيدين فقط.

عائلتي المجنونة، هأنا قد أنهيت أول كتابٍ لي، فقد عانيت لأصل لهذا الشيء، فأنتم لم تعرفوا أنني أكتب كل ليلة، وهأنا أفاجئكم. لقد قضيت حياتي وأنا أبحث عن نفسي.. عن حقيقتي، فقد وجدتها من خلال الكتابة، من خلال التعبير عن نفسي، فكل شخص في حياتي قد تعلمت منه، فلم أستسلم، والآن حان الوقت لأعود لمنزلي. شكراً لكل شخص ساندني ووقف بجانبي؛ فأنا ذات موهبة بسيطة، لم أطلب الكثير.. شكراً لكم. أريد منكم ألا تتوقفوا عن الحلم؛ فأحلامكم ذات قيمة.

في النهاية أريد القول: إن الفرص تأتي، والحياة جميلة، وأريد أن أعيشها كما ينبغي، وأنا أومن بأني كلما اجتهدت كلما أعطيت؛ فالحياة توجد لديها أقنعة كثيرة، لا نراها بل نعيشها، كتابتي عن هذه الأقنعة لأنها بداخلنا، فهي كل وجه من وجوه الحياة، هي الألم.. الخوف.. الحب والسعادة... تأخذنا من روحنا وعقلنا الكثير، لتبقى روحنا متعبة، ووجهنا مغطى

بقناع يسمى "قناع الحياة"؛ لنعيش به، ونخسر أنفسنا، وننسى من نحن؛ فهذه هي أقنعة الحياة.

تمّت